NINGUÉM É TRISTE O TEMPO TODO
Uma experiência de luto e da força da vida

Editora Appris Ltda.
1.ª Edição - Copyright© 2024 da autora
Direitos de Edição Reservados à Editora Appris Ltda.

Nenhuma parte desta obra poderá ser utilizada indevidamente, sem estar de acordo com a Lei nº
9.610/98. Se incorreções forem encontradas, serão de exclusiva responsabilidade de seus organi-
zadores. Foi realizado o Depósito Legal na Fundação Biblioteca Nacional, de acordo com as Leis nos
10.994, de 14/12/2004, e 12.192, de 14/01/2010.

Catalogação na Fonte
Elaborado por: Dayanne Leal Souza
Bibliotecária CRB 9/2162

C837n
vida
2024
	Costa Boruchovitch, Mônica
	    Ninguém é triste o tempo todo: uma experiência de luto e da força da
	/ Mônica Costa Boruchovitch. – 1. ed. – Curitiba: Appris, 2024.
	    81 p. : il. ; 21 cm.
	
	    ISBN 978-65-250-6774-2
	
	    1. Luto. 2. Tristeza. 3. Perda. 4. Superação. 5. Bem viver. 6. Força. 7. Fé.
	I. Costa Boruchovitch, Mônica. II. Título.
	
	                                                                     CDD – 393.9

Appris *editora*

Editora e Livraria Appris Ltda.
Av. Manoel Ribas, 2265 – Mercês
Curitiba/PR – CEP: 80810-002
Tel. (41) 3156 - 4731
www.editoraappris.com.br

Printed in Brazil
Impresso no Brasil

Mônica Costa Boruchovitch

NINGUÉM É TRISTE O TEMPO TODO
Uma experiência de luto e da força da vida

artêra
editorial

Curitiba, PR
2024

FICHA TÉCNICA

EDITORIAL	Augusto V. de A. Coelho
	Sara C. de Andrade Coelho
COMITÊ EDITORIAL	Marli Caetano
	Andréa Barbosa Gouveia (UFPR)
	Edmeire C. Pereira (UFPR)
	Iraneide da Silva (UFC)
	Jacques de Lima Ferreira (UP)
SUPERVISORA EDITORIAL	Renata C. Lopes
PRODUÇÃO EDITORIAL	Daniela Nazario
REVISÃO	Marcela Vidal Machado
DIAGRAMAÇÃO	Amélia Lopes
CAPA	Daniela Baumguertner
REVISÃO DE PROVA	Alice Ramos

*Somos feitos de carne, mas temos
que viver como se fôssemos de ferro.*

(Sigmund Freud)

*Para aqueles que estão vivos em nossos corações.
E para Caio, que sabia contar histórias.*

PREFÁCIO

A experiência da perda e do consequente luto é o ponto de partida para Monica Costa nos presentear com uma escrita sensível sobre um tema desafiador. Abordando-o com naturalidade e fluidez, a autora apresenta o luto como um processo inerente à vida, que demanda representação e vivência. Esta jornada é essencial para que possamos seguir adiante, de forma autêntica, nutridos pelos vínculos amorosos que conferem significado à nossa existência.

Nas palavras precisas da autora: "luto é luta!". Portanto, vivenciar a metamorfose que esse processo exige é um embate para todo ser humano que busca uma vida com propósito e se permite mergulhar em suas próprias emoções. Nos tempos atuais, essa é uma batalha na contramão da sociedade contemporânea.

Habitamos uma realidade na qual o ser humano busca equiparar a velocidade da experiência e do processamento das emoções à rapidez da informação. Conectar-se com a dor, as emoções e os desconfortos da vida parece ser um ato transgressor. Um ato revolucionário que vem sendo descartado, erradicado da experiência, em favor de uma existência frenética e anestesiada.

O livro *Ninguém é triste o tempo todo: uma experiência de luto e da força da vida* nos brinda com uma reflexão preciosa, necessária e, paradoxalmente, leve e reconfortante. De maneira delicada e sensível, nos faz recordar que viver o luto pode ser também uma experiência integradora e libertadora, além de ser parte intrínseca da natureza humana.

Considero esta leitura um convite e uma celebração à vida em sua plenitude. Que possamos, através destas páginas, encontrar a coragem de sentir, a força de lutar e a esperança de seguir em frente, sempre buscando ser a melhor versão de nós mesmos a cada dia.

Fernanda Travassos Rodriguez

Doutora em Psicologia Clínica pela PUC-Rio

APRESENTAÇÃO

Este livro não é teórico.

Ele é uma explosão de sentimentos.

É um luto esvaziado em folhas de papel.

É a narrativa de uma experiência pessoal e única.

Escrevi porque precisava e decidi compartilhar por acreditar que pode ajudar outras pessoas a viver.

Quem sofreu experiências de perda, certamente as vivenciou de maneiras diferentes das descritas aqui, meu imenso respeito por cada maneira de sentir e viver.

Sigo acreditando que o que importa é acordar a cada dia tentando ser uma pessoa melhor.

SUMÁRIO

Um livro sobre um luto e uma ode à vida 15

Seguindo como um rio 17

Luto é luta 18

Um coração parou de bater 20

Fato 22

Suposições 24

Mas é boa 25

Ele 26

O irmão 27

O irmão 28

Einstein 29

Perdi 30

A árvore 33

Não é 34

Plano b 35

Lacunas 37

Incongruências 38

Desatinos 40

Luto por uma ilusão 41

A ilusão 42

A estrela 44

Perspectiva 45

É rio 46

Percurso 47

Julga-se 49

Explicações 50

O que quero dizer é 52

Vivos 54

Sabedoria 56

Outros lutos 57

Envelhecer contém luto 58

Velhice sem fantasia 60

Quando desistem de nós 61

Por amor 63

Aquele que parte para outras terras 64

Lente 65

O que não foi 66

Outono 67

Inspirações roubadas 69

Virginiana 70

Aquilo que nos transcende 72

Só sou feliz quando eu amo 74

Tudo aqui já foi sonho 77

Nunca é uma coisa só 78

Enquanto isso 79

UM LIVRO SOBRE UM LUTO E UMA ODE À VIDA

Vem para um café e fica para a vida inteira.
(Zack Magiezi)

Você veio e ficou.

Ficou sua vida inteira, mas não a minha vida inteira…

E foi bom enquanto durou.

Muito bom!

Mas agora o vazio é enorme,

pa ra li san te.

MÔNICA COSTA BORUCHOVITCH

*Tudo é movimento, tudo flui.
Siga com o rio.*

SEGUINDO COMO UM RIO

Amar é humano e, ouso dizer, a melhor parte de ser humano.

O que faz esta vida interessante é amar.

É amar que faz tudo valer a pena.

Mas somos frágeis. E cada um de nós tem seu prazo.

Assim, não é possível passar por esta vida sem conhecer o luto, mas falamos pouco dele. Tentamos escondê-lo, mas não dá para escapar.

Não acho bom cultuá-lo.

Cultuar, procurar, nutrir só a alegria mesmo. Entretanto, se ele aparecer, viva a terrível experiência e, assim, paradoxalmente, conseguirá viver novamente em paz e com alegria genuína.

Tudo é movimento, tudo flui. Siga com o rio.

Luto. Amar, perder, desesperar, culpar, perdoar, esquecer, ser esquecido, lembrar, relutar, aceitar, SEGUIR.

A natureza cura. A natureza é a única cura.

Cerque-se de pessoas interessantes. Escute o que elas têm a dizer.

Não julgue. Cada um tem seu próprio caminhar. Tem gente que só não combina com nosso momento atual.

Tudo é movimento, tudo flui.

E siga com o rio, às vezes flutuando, às vezes submergindo.

LUTO É LUTA

Luto é luta.

Lutar para sobreviver.

Lutar para seguir vivendo.

Lutar para parar de tentar explicar.

Lutar para parar de tentar entender.

Luto é inevitável

Para quem ama,

Para quem amou e vive além do outro.

Luto inevitável para quem VIVE.

O sofrimento vem sozinho, tem pernas, mais cedo ou mais tarde ele aparece; o que a gente tem que buscar é a alegria, essa se esconde delicada na correria dos dias...
(Carla Madeira – Tudo é rio)

UM CORAÇÃO PAROU DE BATER

E refletiu no meu,
no dela, nos deles.

É dor infinita
por instantes.

Depois é obrigação,
costume e, talvez, desejo
que nos faz seguir vivendo.

Mas um coração parou de bater.

E isso é muito.

Algumas vezes é tudo.

Um coração parou de bater
e meus olhos empoçaram de água benta.

A mãe dele chorou de dor,
mas não chorou tudo.
Parte do choro virou
pedra.

Um coração parou de bater

E o meu perdeu o ritmo.

Um coração parou de bater.

E foi o dele.

FATO

Ele não vai mais compartilhar o mundo conosco.
Não, não será mais contemporâneo nosso.
Não vai mais sentir o gosto de manga,
o vento na pele,
o salgado do mar,
o medo da morte.

Não vai mais sentir.

Mas eu sinto.
Sinto sua falta, como um nó no peito.
Um nó ali no meio do osso esterno.
Ali no meio profundo,
no mangue enlameado onde nascem e brotam todas as emoções.

Mas eu sinto. Sinto sua falta como um nó no peito.

SUPOSIÇÕES

O que estou fazendo aqui?

Tratamento?

Que tratamento?

Eu sou o médico.

Como assim sem ter ido à Austrália?

Parti sem ter ido à Nova Zelândia?

Sem ter visto a aurora boreal?

Que merda aconteceu?

Como ninguém conseguiu me ajudar?

Eu estou no controle da situação.

Eu dou conta.

Estão todos exagerando.

Onde estão todos?

Será que seria assim que ele falaria?

MAS É BOA

A vida não faz sentido,
mas é boa.

As coisas da natureza são as únicas que fazem sentido.

Os rios correm para o mar.
As folhas e frutos que caem se transformam em comida e adubo.

As pessoas são parte da natureza, mas confundem essa lógica.
Pessoas brigam porque amam.
Comem demais, mas querem emagrecer.
Bebem demais, não para celebrar, mas para esquecer.

É tudo excesso e falta.

ELE

Ele, o mais brilhante. Inteligente, perseverante.

Uma autoconfiança. Um foco nos estudos incontestável.

Os estudos eram seu caminho para chegar aonde queria.

Era o pavimento por onde ele criava possibilidades de viajar para lugares exóticos, distantes, caros.

Impossíveis para os seus pares.

As notas, sempre as melhores.

Melhor aluno, melhor residente.

O mais capaz.

Mas existiam lugares escuros na sua alma que ele não conseguia acessar, ou refletir sobre.

E essa escuridão lhe deu insônia, tirando-lhe a paz.

Paz que ele já não tinha, por isso não dormia…

Enfim.

O IRMÃO

O irmão dele tatuou um lírio no peito.
Porque soube que um dia ele gostou de uma flor
e a avó falou: o nome dessa flor é lírio.
Ele tatuou porque era preciso.
Porque não seria possível seguir a vida sem ele.
Então o levaria para sempre em seu peito.
E seguiria a viagem da vida em sua honra.
Ele não vai mais escalar montanhas.
Não vai mais viajar para ver a aurora boreal.
O irmão ficou órfão de sua companhia.
O giz da escalada e o lírio ficaram sobre seu túmulo.
Mas o irmão o leva pela vida afora no peito, como um lírio.

O IRMÃO

Ficou órfão de sua companhia.

Ficou órfão das disputas entre irmãos.

No meio do caminho ficou um buraco.

Ficou com sua falta,

E seguiu com ela.

Talvez sem nem saber o que sentia.

EINSTEIN

É mais importante a imaginação do que o saber, disse Einstein.

Talvez porque já tivesse bastante saber dentro dele, Einstein pensasse assim.

A imaginação é muito importante, mas o conhecimento também é.

E aquilo que nos falta parece sempre mais importante do que aquilo que a gente já tem.

PERDI

Quando soube que aos 29 anos seu coração deixou de bater
Perdi o fôlego
Perdi o rumo
Perdi o ar
Perdi sua companhia, sempre tão agradável
Perdi seu carinho
Perdi seus abraços
Perdi o meu reflexo em seus olhos
Perdi sua admiração por mim
Perdi seu olhar
Perdi o rumo
Perdi o choro,
nem chorar conseguia.

Perdi.

Perdi a vontade.

E, depois de muitas rezas, muito aperto no peito
Voltei a viver. Voltamos todos a viver, menos você.
Porque a morte é eterna e esse é o único real problema.

Viveremos, pois foi isso que viemos fazer aqui.
Dessa vez sem você, mas viveremos, dançaremos e brindaremos a graça de estar

VIVO!

Viveremos, dançaremos e brindaremos a graça de estar vivos!

A ÁRVORE

Ele veio e ficou para vida inteira.

A dele, não as nossas.

E isso deixou um buraco.

Tão grande que daria para plantar uma árvore.

NÃO É

A vida é louca e linda.

Preciosa e frágil.

E lidamos com ela como se fosse dispensável e replicável.

Não é.

PLANO B

Que bom que você veio partilhar um pouco desta vida conosco.
Fomos contemporâneos por pouco tempo, 29 anos e alguns meses.
Tínhamos uma afinidade muito grande.
O mesmo jeito de encarar o mundo, de correr atrás dos sonhos, de encarar desafios, de gostar muito de viajar.
Muito, muito mesmo.

Só que eu só via seu lado iluminado. Nas suas sombras você se sentiu só, desamparado, perdido, sem saída.

Imagino sua dor, mas não a conheço.

Não imaginava que alguém pudesse ajudar.
Soberba, desesperança, perda de rumo.

Hoje não sei como me comunicar com você. Antes eu achava que sabia.
Não sei se no outro plano você percebe nossos pensamentos, nossas saudades nossas orações...

E assim vamos nos desconectando.

Desconectando como eu já fiz com tantos outros afetos que foram para o outro lado:
meu irmão, minha mãe, avós.

Sinto culpa por essa desconexão.

Tiramos fotos juntos, planejamos viagens.

Refizemos juntos as fotos do dia que fui pedida em casamento. Por acaso na mesma cidade em que você morava. Longe, muito longe de casa.

A gente planejava ir ao Alasca visitar você e ver a aurora boreal juntos, em algum lugar.

Pena.

Pena.

Pena que não deu.

Mas eu tenho um plano B, sempre tenho um plano B.

Vou viajar para os lugares que você queria ir: Alasca, Nova Zelândia, Austrália. E em cada um desses lugares vou levar e deixar um pedaço de um presente que você me trouxe de sua primeira viagem ao exterior sozinho. Vou quebrar e levar em pedaços e enterrar em um canteiro ou deixar em algum lugar.

Uma homenagem, uma bobagem, sem nexo nenhum, sem lógica nenhuma.

Não serve para nada, não passa, não cura a dor da falta, da perda, uma perda tão ilógica, sem nexo nenhum.

Mas conforta, distrai, mobiliza.

É bom ter um plano B.

LACUNAS

Inventamos memórias sobre os que foram embora antes.

Inventamos seus gostos.

Tentamos preencher lacunas com informações que não temos.

Mas buscamos conforto imaginando ter.

Seu prato favorito.

Para onde gostaria de ir viajar.

Procuramos também culpas e culpados.

Tudo em vão.

Você se foi e isso é tudo que temos:

Lacuna impreenchível.

INCONGRUÊNCIAS

Outro dia ouvi dizer que aquilo que perdemos, quando alguém morre, é a visão daquela pessoa sobre nós.

Essa visão sobre nós, esse prisma de nossa existência se vai com a pessoa amada.

Agora, a pessoa que se foi, essa continua vivinha, inteira, enorme, dentro de nós.

A pessoa continua vivinha, inteira, enorme dentro de nós.

DESATINOS

Quero sonhar com você.
Quero um sonho alegre.
Quero lembrar do sonho ao acordar.

LUTO POR UMA ILUSÃO

Às vezes a gente sente uma falta, uma saudade doída de pessoas que na realidade nunca tivemos.

Na relação com pai e mãe é muito comum.

A mãe indisponível, incapaz de empatizar, mães com a essência perdida para algum vício.

O pai sem tempo e disposição para a paternidade, ou agressivo. Pessoas endurecidas demais pela vida, incapazes de se conectar com o mundo a sua volta.

Relações impermeáveis, pelas quais não passa afeto entre o par. Relações que não transmitem segurança.

Geram, no entanto, um sofrer profundo. Uma falta. Um luto pela ausência de pai ou mãe imaginados, desejados, merecidos, necessários. Mas inexistentes.

É um luto.

A ILUSÃO

Tem dias que a gente acorda e se deixa pensar…
Que você ainda mora no exterior.
Assim, fica mais fácil encarar sua falta.
Se ainda mora fora, significa que um dia nos veremos lá ou aqui
depois de um voo longo.

A morte, principalmente a morte prematura, nos choca, nos entris-
tece, nos embrutece.

Pois há a necessidade de aceitar o inaceitável. O imutável.

A morte é eterna e não se pode fazer nada sobre isso.

A aceitação desses dois pontos inicia um novo processo.
O processo de viver sem aquele que se foi.
E cabe a cada um achar seu jeito de não só continuar,
mas também seguir em frente. Como um rio correndo, fluindo em
direção ao mar.
Seja rezando, celebrando a vida, falando muito sobre o ser amado; ou
se resguardando, colando seus pedaços cercados de silêncio e paz.

Mas uma certeza: é preciso buscar a certeza de que existe um propósito no que viemos fazer aqui.

Viemos aqui para viver. O como vamos viver será construído a cada dia dentro das possibilidades de cada um.

Renascer das cinzas como uma fênix.

Brotar do lodo como uma flor de lótus.

Renascer num parto diário e doloroso.

Mas seguindo, pois, enquanto estamos aqui, nosso propósito principal é viver.

Pode sorrir, pode dançar, pode comemorar aniversários, pode postar fotos sorrindo.

A dor é sua: só você a conhece. Só você a vive. Não deixe espaços para julgamentos.

Você não merece mais nenhuma dor.

A ESTRELA

Lá em cima hoje, eu vi uma estrela.

Claro que ela já estava lá, mas só hoje reparei nela.

Dei para ela seu nome.

Olhei para ela e lhe desejei vida longa e feliz, aí onde você estiver.

Arrumei um jeito de voltar a conversar com você.

PERSPECTIVA

Depois que você se foi, além dos meus clássicos votos de saúde, paz e sorte, passei a desejar a todos nos aniversários.

Vida longa!

Não sabia que era tão importante, vida longa.

Você me deu perspectiva.

É RIO

Luto é rio que corre de-va-gar.

Um dia está tudo bem e a gente sente o cheiro de alegria no ar. Mas logo em seguida vem um frio gelado por dentro para lembrar o que a gente perdeu.

Luto é sentir falta.

Sentir desespero.

Revolta.

Vontade de tirar a dor de dentro da gente à força.

Vontade de cantar alto ou deixar o peito esvaziar chorando.

Ou falando.

Eu, infelizmente, quando a tristeza é demais, não choro. Só sinto.
Sinto e petrifico a dor.
Acho que dentro de mim tem um fóssil com o nome dele.

PERCURSO

As pessoas, muitas vezes, querem curar a dor do luto às pressas.

Livrar-se da dor, passar por ela sem sentir.

Querem remédios, grupos de apoio e efeitos imediatos.

É, infelizmente, necessário sentir a dor, vivê-la, encará-la de frente, evitando que ela lhe persiga, escondida em cada esquina, sob a forma de ansiedade, pânico, ou crises de infelicidade sem motivo aparente.

Outro dia, num grupo de psicólogos, procuravam indicação de um grupo de apoio para pais enlutados.

Os pais em questão tinham perdido uma criança de 3 anos da noite para o dia de um mal súbito. Ontem!

Para tudo.
É preciso se desesperar primeiro, é preciso rasgar a roupa, gritar para as estrelas, maldizer a vida, a sorte, a morte, tudo.

É preciso perder o rumo, perder o norte, perder o juízo.

É preciso chorar agarrado a quem se ama.

É preciso parir aquela dor. E embalá-la também.

É preciso jejuar, rezar, chorar, morrer por dentro.

Só então, somente aí, pode renascer das cinzas que restaram.

E aí, sim, buscar novamente um sentido, uma luz, um caminho por onde seguir vivendo…

Luto é comum a todos que amam, amaram e perderam. Mas cada um vive o luto de uma maneira única, do jeito que lhe é possível VIVER.

Viva, a vida é mais forte do que nós!

JULGA-SE

Na sociedade do julgamento, na qual estamos inseridos, é possível e provável ouvir questionamentos sobre como ela posta fotos sorrindo se não tem seis meses da trágica morte que mudou sua vida.

É possível porque o riso não é todo o seu ser. Somos camadas.

Se você olhar bem nos seus olhos, a dor imensa está lá, inundando tudo. Estragando o sorriso, manchando, molhando, derretendo-o

O sorriso é a ponte que ela construiu e que passa sobre o rio do luto. Rio forte, caudaloso tremendo toda a estrutura sob seus pés.

O riso, talvez, seja sua única saída. Sua única possibilidade de ser. Não a critique. Não a cancele.

Nem você nem ninguém mais conhece sua dor. Talvez a maior de todas. Quem sabe?

Cada um só conhece a sua própria dor.

Cada dor é única.

Respeite.

EXPLICAÇÕES

Comecei a escrever na tentativa de materializar a dor e a falta.

Transformei em palavras, mas poderia ter transformado em qualquer outra coisa: tigelas de cerâmica, colchas de crochê, treino para maratona, música, plantio, caridade…

Eu me entendo com palavras. gosto de moldá-las. Acredito que expressem bem meus sentimentos.

A falta existe. Viveremos com ela. E, para mim, o mais difícil é aceitar que viveremos com a falta.
Não há nada que eu possa fazer para mudar isso.
Mas posso, tenho e quero seguir minha vida, buscar muita alegria e muito prazer no meu caminhar. Quero abrir a janela para o novo dia de sol que chegar. Quero, e vou, sentir o calor da areia sob os meus pés, mergulhar na água salgada e agradecer a benção de estar viva hoje.

Viver sem culpa. Viver buscando sempre um pequeno propósito.
Mergulhar nos oceanos e seguir vivendo, viajando e amando.

*Um dia feliz tem mais poder
que a tristeza de uma vida inteira.
(Carla Madeira)*

O QUE QUERO DIZER É

É um processo.

Não adianta tentar escapar.

É preciso passar por ele. É preciso viver todas as fases.

Cada um tem sua dor. A dor é só sua e é diferente das dores de todas as outras pessoas.

Quase ninguém vai saber como lhe acolher e consolar. A dor do outro assusta.

Aceite e siga vivendo.

Veja o que funciona para você.

Para mim funciona não se deixar paralisar na dor.

Fazer pequenos movimentos, como lavar a louça, levantar e arrumar a cama.

Restabelecer a rotina.

Acordar e se exercitar.

Conversar um pouco…

Recolher-se e conversar com você mesmo.

Conversar com Deus, mesmo que você esteja descrente.

Se existe tanta coisa na vida terrena, como rios que correm para o mar.

Beija-flores que param no ar.

Sol que se repete todos os dias.

Estrelas do mar de muitos tipos.

Um mar gigante desses.

Por que não pode haver outras vidas ou o paraíso celeste?

Na dúvida entre não existir milagre e ser tudo milagre, prefiro concordar com Einstein que tudo é milagre.

Além de me confortar me deixa em boa companhia.

Depois de conseguir redesenhar sua rotina, invente um propósito.

Pequenininho que seja, mutável. Ou seja, não precisa ser para sempre.

Acordar e molhar plantas; alimentar cachorros da rua; ser voluntário em um hospital; fazer teatro; escrever um livro...

VIVOS

A vida vai passando, enquanto isso
Vivo luz e vivo as sombras.
Mantendo o movimento para buscar o equilíbrio.

Na dúvida, olho um rio.
Está seguindo sempre para o mar.
Apesar das estiagens, apesar das chuvas.
É seu propósito.
Não é possível evitar a dor do sofrimento, as perdas.

Todo mundo morre um dia, mas todos os outros dias estamos vivos.

Brindemos a esse milagre. O milagre de existir.

*Deus nos dá pessoas e coisas
para aprendermos a alegria...*

*Depois, retoma coisas e pessoas para ver se já somos
capazes da alegria sozinhos...*

Essa é a alegria que Ele quer.

(Do genial, por isso eterno, João Guimarães Rosa)

SABEDORIA

No restaurante nos sentamos em uma mesa para dois ao lado de uma mesa enorme, uns 40 lugares. Nesta mesa, um casal celebrando 50 anos de casados com família e amigos.

Observei, dada a proximidade de nossas mesas, a festa, a família e os amigos.

Parabenizamos a dona da festa, que me disse: "Hoje sou a noivinha. Tenho 9 netos, 4 filhos, um filho Deus veio buscar, mas Ele mandou um bisneto.

Deus sabe todas as coisas. E o que Ele quer é a gente feliz aqui na terra. Viver com alegria!"

Tanta sabedoria me encantou.

Encantou...

OUTROS LUTOS

Perder um animalzinho de estimação é uma dor das mais doídas.

É um luto.

É companhia, companheiro, muitas vezes ouvinte…
Mais próximo que muitos parentes.

É uma dor grande que muitas vezes se amplia pela falta de respeito por ela.

É um sofrimento grande. É não ter para quem contar, por medo das críticas, pela falta de empatia.

A dor é sua, só você a sente.

Acolha sua dor. Respeite-a.

E, com o tempo, honre-a transformando-a em algo produtivo.

ENVELHECER CONTÉM LUTO

Envelhecer contém luto

E luta também.

Inevitável. Assustador.

Verdade! É assustador se você for olhar com honestidade e profundamente.

Diferente de ser uma senhora em forma, o que assusta é o envelhecer de fato.

É olhar para um idoso e ter empatia.

Sentir o peso de ser um idoso, um ser muito velho com muitas limitações físicas, com menos escolhas, dependente de que outros lhe queiram bem e lhe façam companhia.

Um idoso com seu medo da morte inevitável para todos, mas que agora se esconde mais próximo em cada esquina.

Visão crua. Também já tentei romantizar a velhice como melhor idade e outras narrativas infantilizadas. Mas somente quando se olha com verdade, assumindo o medo da solidão, das doenças, da decrepitude, da falta de liberdade, da dependência, pode-se falar com verdade sobre envelhecimento, acolher e ser acolhido nessa fase da vida.

Para quem vive, como eu, planejando, organizando e tentando controlar o futuro, talvez seja recomendável fazer isso no começo da velhice. Planejar seu conforto, especificar seus desejos, organizar as finanças para isso.

Depois, tendo muita saúde, ou nos momentos de saúde, recomenda-se viver. Viver de todos os jeitos; do jeito que der; do seu jeito. E o futuro? Nem pense em planejar, pois ele, mais do que nunca, a Deus pertence.

VELHICE SEM FANTASIA

Tinha tanto medo da velhice, que só conseguia olhar para ela pelas lentes da boa forma, do bem viver e da alegria.

Mas uma angústia sem nome e sem ser convidada crescia. E me afastava do assunto e dos afetos das pessoas que me conectam a ela.

Tinha tanto medo da velhice que criei uma capa otimista, romântica mesmo, que me protegia da velhice real.

Quando olhei nos olhos do velho desanimado, da senhora entristecida pelas dores do corpo cansado e doente e não fugi, vi a verdade, sem a capa de proteção da alegria inventada, sem a máscara da narrativa publicitária. Percebi a dor da solidão, a dor do medo, a dor das mazelas físicas, a dor profunda das perdas pelo caminho.

Sem tirar os olhos, sem tentar fugir, sem tentar fantasiosamente mudar o curso da vida, aceitei o inevitável.

E, paradoxalmente, como é a vida, a angústia diminuiu.

QUANDO DESISTEM DE NÓS

Perder o primeiro amor.

Perder um grande amor.

É luto.

Luto dos mais doloridos.

Luto dos mais doloridos.

Não menospreze.

Nem o seu,

Nem o dos outros.

Algo morreu.

Morreu aquela certeza de que aquele era seu par perfeito.

Morreu o futuro em comum, tantas vezes imaginado e planejado.

Quem é deixado para trás ainda amando é quem fica com a maior parte do luto.

Sem rumo, sem chão.

A alma encardida e pesada de dor.

Dor de vivenciar o fim.

Mas aí está a sutileza deste luto,

Trata-se de uma perda, mas sem a imutabilidade da morte.

De algum lugar brota uma esperança.

E, em geral, complica tudo.

O futuro a dois foi destruído,

Mas uma esperança de que seja possível resgatar o que se vivia antes teima em aparecer

nos escombros.

O rio correndo para o mar e a vida paralisada, feito pedra no leito do rio, numa mistura de

dor e esperança.

Vida é fluxo.

O processo de luto é fluxo.

Alguém decidiu partir,

Optou por me deixar.

Não fui escolhida.

Que parte de mim é assim tão indesejável?

Não é bom compartilhar a vida comigo?

Sou uma dor profunda.

Como em todas as experiências de dor, é preciso passar por ela.

Como o vento passa pelas árvores.

A única escolha é como passar.

Vento, ventania, furacão.

Da maneira menos autodestrutiva possível

sopram os ventos...

POR AMOR

Por amor,

Acolher sua dor

Cuidar-se

Perdoar-se por qualquer culpa que carregue por essa relação.

Perdoar-se por não ter dado certo.

Perdoar o outro por não ter podido ficar e lhe amar como merecia.

Colocar-se no centro

Ocupar-se de você.

Só mais um lembrete:

Por amor,

Não tente se transformar para caber na caixinha que alguém construiu para você.

Não dá certo, disse o vento...

Não funciona, disse o rio...

AQUELE QUE PARTE PARA OUTRAS TERRAS

Aquele que deixa a sua terra e emigra fecha portas de forma definitiva.

Sim, definitiva porque, mesmo que se venha visitar, nunca mais será a mesma sensação de pertencimento. É sempre um coração repartido entre duas terras, duas culturas e muitos amores lá e cá.

Meu pai, um imigrante, costuma dizer que não se pertence mais, totalmente, a lugar nenhum. Na sua terra natal é visto como estrangeiro e na nova terra que adotou como sua é visto como o imigrante estrangeiro.

É o luto de uma geração na esperança de oferecer um futuro melhor e mais digno para as próximas gerações da família.

Tem um luto escondido na decisão de partir, sempre tem.

É preciso fechar muitas portas para só então navegar novos mares e aportar em novas terras.

Um brinde a essa coragem de viver uma nova vida.

LENTE

Hoje eu acordei pior.
O escuro do luto outra vez.
Uma falta de brilho,
Feito um vidro embaçado.
Um cansaço no corpo.
O que despertou isso?
Uma foto linda de dois anos atrás.
As chamadas boas memórias inspiram dor também.
Uma vez que sabemos que gostaríamos de mais: boas e novas memórias.
É feito sair de um filme com um final ruim.
A gente sai do cinema com vontade de reescrever o final.
Queria escrever sobre outra coisa.
Sobre esperança, sobre o lado bom, sobre recomeços, mas hoje não.
Hoje só pela lente opaca olho o mundo.
Mas não paro.
Sigo olhando as belezas da vida mesmo embaçadas.
Sigo mais devagar, mas sigo.
Sigo na certeza de que só é assim porque amei e fui amada.
Qualquer dia desembaça a lente da minha alma.

O QUE NÃO FOI

É dor.
Dor da alma.
Comum entre tantos de nós.
Mas só pode ser passageira,
Pois não combina com meu espírito, minha busca por luz.
Mas o sorriso dele na foto me esfacela o dia.
Poderia ter sido diferente.
Não foi.

OUTONO

O outono é uma estação linda.

Especialmente no Hemisfério Norte, me encantam as cores, a temperatura.

Tapetes coloridos formados por folhas vermelhas, amarelas e douradas que caíram.

Queda.

As folhas caem e deixam espaço para outras brotarem, depois que o inverno gelado e

escuro passar. A vida precisa de pausas.

Pausa.

Ciclo da vida é experiência mágica, é milagre e é algo que você nem nota.

Percepção.

A vida quer brotar, apenas deixe acontecer.
Siga com o fluxo da natureza.

Seguir.

A gente veio aqui para buscar ser feliz, todos os dias, incansavelmente.
Não se distancie da força da vida. Brilhe.
Brilhar.

Em honra de sua vida, de nossa vida e da vida de todos que nos
deram o prazer de sua
companhia.

Brilhe!

INSPIRAÇÕES ROUBADAS

Por onde andará meu coração?
Com que roupa eu saio, se pensei em rasgar todas?
Em que banda eu vou tocar se meu coração bate desafinado?
Como sair por aí, se nem onde foi parar meu violão?

O coração em frangalhos e toda uma vida pela frente.
Quem nunca?
Um coração que é um pote até aqui de mágoas,
que bate descompensado e derrama.

Perdido e maravilhado por ter amado tanto

E eu, maravilhada, por conseguir ver estrelas e borboletas no meio
da maior escuridão.

É, sim. É tudo milagre.

VIRGINIANA

Querer, lutar, conseguir é ritmo da vida.
Até onde iremos? Só o tempo dirá.
Quantos e o que perderemos até lá não sabemos.
Quantos e o que ganharemos até lá não sabemos.
Vivemos no ir e vir das ondas,
à mercê das marés.
Mas respeitando os avisos e as bandeiras vermelhas.
Respeitando a vida como ela é: frágil, única e insubstituível.
Virginiana que sou,
Planejo.
O que pode ser planejado:
onde moro, como ter segurança financeira para o futuro, trabalho
para conseguir o que acho que quero no momento.

Trabalho e faço planejamento financeiro para garantir meu bem maior: a liberdade.

Liberdade de escolha.

No mais é seguir com as marés, torcer para ter saúde, torcer para os seres amados também terem.

Organizar, planejar e aceitar com bom humor e leveza tudo aquilo que, apesar de nossos esforços, trabalhos e exercícios físicos e mentais, não é possível controlar e planejar.

Essa percepção exige humildade.

Sim, somos humanos mortais e frágeis.

Somos parte da natureza e não donos ou controladores dela.

Dependemos da natureza, tentamos impor nossas vontades e nossa ganância, mas não a controlamos.

Querer, lutar, aceitar, perder, conseguir, desejar.

AQUILO QUE NOS TRANSCENDE

Onde está nossa dimensão espiritual?

Não é questão de fé ou religião.

É aquilo que está além do nosso egocentrismo.

É a dimensão nossa, como humanos que somos,

Mas que transcende nossa existência mundana cotidiana.

É se perceber parte deste universo gigante, no qual estamos inseridos.

Esta dimensão espiritual não estaria dentro de nós, mas nos envolvendo e nos permitindo ser mais.

Ser inteiros.

Como o ar que nos envolve e, ao mesmo tempo, nos permite ser. Existir.

Só respirando somos humanos.

O sagrado está no estar aqui e honrar a existência, o acaso, o destino ou como quiser nomear.

Algo vai além de nossa vontade, dedicação e determinação.

O espiritual talvez esteja em honrar nossa existência, nosso respirar.

Honrar como espiritual tudo que está além de nossas possibilidades de compreender

e mudar.

Humildade para reconhecer aquilo que está além de nossa determinação esforço e vontade.

Tudo é milagre!

E a vida continua para ser bem vivida.

Sigamos com fé em nós.

NINGUÉM É TRISTE O TEMPO TODO

Vou ensinar o que agorinha eu sei, demais: é que a gente pode ficar sempre alegre,

alegre, mesmo com toda coisa ruim que acontece, acontecendo.

A gente deve de poder ficar então mais alegre, mais alegre, por dentro!

(João Guimarães Rosa)

SÓ SOU FELIZ QUANDO EU AMO

Não dá para fugir da dor fantasiando-a.
Não dá para fugir da dor se escondendo dela.
Sinta e ela lhe deixará em
PAZ.
Mas investir, investir mesmo: tempo, desejo e pensamento só mesmo em alegria
bem viver
amar e
ser amada.

Mesmo com todas as dores que a existência espalha em nossos caminhos, dores que
como pequenos meteoros deixam buracos enormes.
Nunca me arrependi, por um momento, por ter amado.
Nem por um momento!

Talvez por um momentinho, no auge da dor...

Sigo acreditando que amor com entrega de alma e, especialmente, de tempo e afeto
é sempre a melhor escolha.

Só sou feliz quando amo.
Só sou feliz porque amei.
Aos meus amores, todos, saibam que valem e valeram a pena.
Um brinde à vida, à alegria e ao bem viver!
Viva a vida!

A gente veio nesta vida para viver e tentar ser feliz.
Tentar todos os dias.
Gente é para brilhar e ser inteiro.
Ao mesmo tempo se sentir uma pecinha do enorme quebra-cabeça universal.
Parte e, por isso, pertencendo à natureza, ao cosmo, ao universo todo.

Aos meus amores, todos, saibam que valem e valeram a pena.
Um brinde à vida, à alegria e ao bem viver.

TUDO AQUI JÁ FOI SONHO

Ainda dá para ser feliz novamente, de outro jeito.

Ou do mesmo jeito.

Ou nos momentos de distração.

Tente sempre.

Sonhe de novo.

Construa.

Invente uma esperança,

uma alegria nova.

Siga sem medo de viver e de sonhar.

Não se desperdice.

NUNCA É UMA COISA SÓ

Nestes textos descrevo uma experiência de luto como vivenciei.

Ninguém conhece a dor do outro.

Só você sabe como viveu sua perda, sua dor.

Dor não se compara, não se julga.

Cada um que viveu essa mesma história teve sua experiência singular que precisa ser acolhida e respeitada.

A dor do outro se respeita.

Preciso dizer que a vida é múltipla e, mesmo durante esse período de dor profunda, vivi diversas outras experiências: algumas alegres, animadas cheias de luz e cor. Mas permeadas por esse vulcão emocional que espalhava sua lava de dor e imutabilidade por todos os pedaços da vida.

Viver é mais do que sofrer mesmo em períodos tristes.

É preciso sentir, mas ao mesmo tempo, investir sempre na alegria, no bem viver, num realismo esperançoso, como bem disse Ariano Suassuna.

Vamos seguindo em frente, buscando nos tornar a cada dia alguém melhor.

ENQUANTO ISSO

Enquanto todo este redemoinho passava em meu coração, outras coisas aconteciam ao redor.

Porque a vida é assim, puxa a gente para ela.

Fazia ginástica dia sim, dia não; caminhava na praia observando todos os tons de azul e verde do mar. Assisti a inúmeros entardeceres com seus rosas, azuis, dourados e lilases. Essas cores e o calor morno da areia sob os meus pés encheram de alegria meu coração machucado. Vi o céu brilhante, escuro, cheio de estrelas infinitas e distantes.

Vi a Lua cheia.

Fotografei Lua, pássaros coloridos, flores e gente.

Adoro gente!

Alimentei vários pássaros.

Fiz mudas de várias árvores.

Salvei um beija-flor que ficou preso entre uma janela e uma persiana. Tive o prazer de senti-lo na minha mão e vê-lo voar novamente.

Dei risadas.

Fiz piadas sobre coisas sérias.

Vivi!

Fui a festas.

Comemorei aniversários de pessoas queridas, com muita animação, alegria e fé na vida.

Dancei.

Nasceram crianças lindas e tive a imensa e deliciosa experiência de segurá-las no colo e sentir o calor e a respiração delas.

Brinquei com crianças e ouvi suas risadas.

E, melhor ainda, vi o brilho em seus olhos.

Conheci novas pessoas.

Conheci adolescentes e jovens cheios de sonhos e possibilidades.

E conversamos sobre como transformar sonhos em realidades.

A vida nos puxa para vida.

A vida quer a gente vivo.

A vida é boa, quente, colorida e vibrante.

Viver é sempre o melhor remédio!

Viver é sempre o melhor remédio!